Hebrew Word Search
Volume 2

28 Puzzles

Free printable Hebrew alphabet chart:
cactuspearbooks.com/alefbetguide

Directions

Find the words hidden in the grid. Search forward, backward, up, down or diagonally.

Copyright © 2025 Sharon Asher

All rights reserved.

No part of this book may be copied and/or altered and/or distributed and/or reproduced in any form or by any electronic or mechanical means, including but not limited to information storage and retrieval systems, without express permission in writing from the author.

ISBN-13: 978-1-951462-18-5

1 Holidays חַגִּים

ך	ש	כ	ח	מ	ט	י	ו	ב	ס
א	ט	ה	נ	ש	ה	ש	א	ר	פ
י	ו	ם	כ	פ	ו	ר	ק	ץ	ה
נ	ב	ג	ה	ת	ב	ש	ע	ש	צ
ם	ש	ב	ו	ע	ו	ת	ו	כ	ס
א	ב	ר	מ	ע	ב	ג	ל	ר	י
ד	ט	ע	ז	ר	ק	ף	ז	ש	ת
ס	ב	נ	ף	ח	ם	י	ר	ו	פ
ה	ר	ו	ת	ת	ח	מ	ש	פ	ס
ת	ש	ע	ה	ב	א	ב	ו	ן	ח

רֹאשׁ הַשָּׁנָה
Rosh Hashanah

יוֹם כִּפּוּר
Yom Kippur

סֻכּוֹת
Sukkot

שִׂמְחַת תּוֹרָה
Simchat Torah

חֲנֻכָּה
Hanukkah

ט"ו בִּשְׁבָט
Tu B'shvat

פּוּרִים
Purim

פֶּסַח
Passover

לַ"ג בָּעֹמֶר
Lag B'Omer

שָׁבוּעוֹת
Shavuot

תִּשְׁעָה בְּאָב
Tisha B'Av

שַׁבָּת
Shabbat

2 Herbs and spices עִשְׂבֵי תְּבוּל וְתַבְלִינִים

ר	ח	ש	ל	פ	ל	פ	צ	ז	נ
ם	ו	כ	ר	כ	ך	ט	פ	ע	ע
ן	י	ר	מ	ז	ו	ר	ר	ת	נ
י	ק	נ	מ	ו	ן	ו	ן	ר	ע
מ	ט	ק	ס	ו	מ	ז	ו	ג	א
י	ה	ט	פ	פ	ר	י	ק	ה	ר
ת	ז	נ	ג	ב	י	ל	א	ו	י
ג	מ	ש	פ	א	מ	י	ת	ר	מ
ך	כ	ו	ס	ב	ר	ה	ף	מ	ש
ו	ע	ם	ו	ק	י	ל	י	ז	ב

פֶּטְרוֹזִילְיָה parsley
כּוּסְבָּרָה cilantro
נַעְנַע mint
רוֹזְמָרִין rosemary
בָּזִילִיקוּם basil
זַעְתַר zaatar

אֱגוֹז מוּסְקָט nutmeg
תִּימִין thyme
הֵל cardamom
כֻּרְכּוּם turmeric
זַנְגְּבִיל ginger
שׁוּם garlic

פִּלְפֵּל שָׁחֹר black pepper
שָׁמִיר dill
צִפֹּרֶן cloves
מַרְוָה sage
קִנָּמוֹן cinnamon
פַּפְּרִיקָה paprika

3 Flowers פְּרָחִים

ן	ל	י	ד	ג	א	פ	ש	ת	ה
ש	ד	ם	ו	י	נ	ר	ג	ס	ר
ו	ת	ע	ר	ק	פ	ת	ט	ו	ד
ש	ף	ח	ן	ט	ר	ב	ס	מ	ו
ב	ס	מ	ר	ג	ך	י	ח	ר	ף
ל	ב	נ	ט	ח	ר	צ	י	ת	ך
נ	י	י	ת	י	נ	ו	מ	ד	א
י	ו	ה	א	ג	צ	נ	פ	פ	ו
ת	ן	ס	י	ק	ר	נ	ע	צ	ר
ב	ל	ח	ס	נ	ו	ר	י	ת	ד

כַּלָּנִית Anemone
רַקֶּפֶת Cyclamen
אִירִיס Iris
אַדְמוֹנִית Peony
סַחְלָב Orchid
חַרְצִית Chrysanthemum

גְּדִילָן Thistle
הַרְדּוּף Oleander
נַרְקִיס Daffodil
גֵּרַנְיוּם Geranium
פִּשְׁתָּה Flaxes
שׁוֹשַׁן Lily

נוּרִית Buttercup
סַבְיוֹן Senecio
חַמָּנִיָּה Sunflower
צִפּוֹר גַּן עֵדֶן Bird of Paradise
תֻּרְמוּס Lupine
וֶרֶד Rose

4 Beverages מַשְׁקָאוֹת

ם	ח	צ	נ	ע	נ	ע	נ	ה	ת
ל	ע	ב	ה	ד	נ	ו	מ	י	ל
מ	ם	י	ב	נ	ע	ץ	י	מ	י
ש	ם	י	ז	ו	פ	ת	ץ	י	מ
ו	ח	מ	ט	א	מ	ה	ג	ס	ו
ק	ו	י	ק	ר	י	י	ז	ו	נ
ו	ק	ץ	ד	ס	ם	ר	ר	ד	ע
ק	ו	פ	ק	נ	ס	ק	פ	ה	נ
ר	ש	ט	ר	ח	ש	ה	פ	ק	ע
ש	ד	ל	פ	ם	ח	ב	ל	ח	ס

מִיץ עֲנָבִים grape juice	קָפֶה שָׁחֹר Turkish coffee	מִיץ תַּפּוּזִים orange juice	נֵס קָפֶה instant coffee	תֵּה נַעֲנַע mint tea
מַיִם water	שׁוֹקוֹ חַם hot chocolate	שׁוֹקוֹ קַר chocolate milk	סַחְלָב חַם Turkish salep	תֵּה יָרֹק green tea
סוֹדָה seltzer	לִימוֹנַעֲנַע mint lemonade	לִימוֹנָדָה lemonade	מִיץ פֶּטֶל raspberry juice	מִיץ גֶּזֶר carrot juice

5 Natural disasters אֲסוֹנוֹת טֶבַע

ה	ו	ר	י	ק	ן	ה	פ	ג	מ
פ	מ	י	מ	נ	ו	צ	ט	ס	פ
ו	ס	ד	ר	ב	ת	פ	ו	ס	ל
ך	ק	ש	א	ח	ף	פ	ר	ר	ת
א	ר	ט	ק	ת	ת	ן	נ	ע	ש
ג	ב	פ	ר	א	ד	ו	ד	י	ל
מ	ת	ו	ש	א	ט	י	ו	ת	ג
י	כ	ן	ת	ר	צ	ב	ע	פ	י
ג	מ	פ	ל	ת	ב	ץ	ל	ר	ם
ה	ל	ו	ח	ת	פ	ו	ס	ש	צ

רְעִידַת אֲדָמָה
earthquake

שִׁטָּפוֹן
flood

בַּצֹּרֶת
drought

מַפֹּלֶת שְׁלָגִים
avalanche

סוּפַת אֵשׁ
firestorm

שְׂרֵפַת יַעַר
forest fire

הוּרִיקָן
hurricane

מַגֵּפָה
pandemic

מַכַּת בָּרָק
lightning strike

טוֹרְנָדוֹ
tornado

סוּפַת חוֹל
sandstorm

צוּנָמִי
tsunami

סוּפַת בָּרָד
hailstorm

הִפּוּךְ אֲגַמִּי
lake inversion

מַפֹּלֶת בֹּץ
mudslide

6 Outer space הֶחָלָל הַחִיצוֹן

ט	ש	מ	ש	ה	ת	כ	ר	ע	מ
ה	ב	ו	נ	ר	פ	ו	ס	פ	צ
ד	י	ח	ח	ו	ה	כ	כ	ת	כ
י	ל	מ	ר	א	י	ב	ו	ו	ל
א	ה	ר	י	ט	ס	ש	כ	י	ר
ו	ח	א	ק	מ	ק	ב	ב	ע	ו
ר	ל	פ	ו	ן	ל	י	א	ק	א
ט	ב	ל	ם	כ	ג	ט	ר	ר	ת
ס	ר	ם	ת	י	ל	פ	ר	ע	נ
א	ק	י	ט	נ	ג	מ	ה	ד	ש

יָרֵחַ
moon

כּוֹכַב לֶכֶת
planet

גָּלַקְסִיָּה
galaxy

אַסְטֵרוֹאִיד
asteroid

מַעֲרֶכֶת הַשֶּׁמֶשׁ
solar system

יְקוּם
universe

כּוֹכַב שָׁבִיט
comet

עַרְפִלִּית
nebula

חֹמֶר אָפֵל
dark matter

שָׂדֶה מַגְנֵטִי
magnetic field

כּוֹכָב
star

שְׁבִיל הֶחָלָב
milky way

מֵטֵאוֹר
meteor

שְׁנַת אוֹר
light year

סוּפֶּרְנוֹבָה
supernova

7 Communities in Israel יִשּׁוּבִים בְּיִשְׂרָאֵל

ש	ז	ם	י	ל	ש	ו	ר	י	פ
ד	כ	פ	ר	ס	ב	א	י	ל	ת
ר	ר	צ	ע	פ	ו	ל	ה	ט	ק
ו	ו	פ	כ	ט	ר	א	י	ה	י
ת	ן	ת	ו	ב	ק	ע	ר	נ	ס
ם	י	ל	ג	ר	פ	כ	ה	ו	ר
נ	ע	א	ח	י	פ	ה	נ	מ	י
צ	ק	ב	ר	ה	ר	צ	ל	י	ה
ר	ב	י	ק	ו	ץ	ח	פ	ד	ף
ת	ם	ב	א	ר	ש	ב	ע	א	ש

יְרוּשָׁלַיִם Jerusalem
צְפַת Safed
בְּאֵר שֶׁבַע Be'er Sheva
נַהֲרִיָּה Nahariya
אֵילַת Eilat
כְּפַר גַּלִּים Kfar Galim

תֵּל אָבִיב Tel Aviv
טְבֶרְיָה Tiberias
כְּפַר סָבָא Kfar Sava
עֲפוּלָה Afula
שְׂדֵרוֹת Sderot
זִכְרוֹן יַעֲקֹב Zikhron Ya'akov

חֵיפָה Haifa
עַכּוֹ Acre
הֶרְצְלִיָּה Herzliya
נָצְרַת Nazareth
דִּימוֹנָה Dimona
קֵיסָרְיָה Caesarea

8 Landmarks צִיּוּנֵי דֶּרֶךְ

י	ב	ר	ע	מ	ה	ל	ת	כ	ה
ם	י	ה	ל	כ	ר	מ	ס	ב	ר
ה	ד	ר	ח	ת	ה	ר	נ	י	ח
מ	ג	ה	ר	ש	כ	כ	כ	ש	ר
ל	ן	ב	ר	ר	ר	ה	ה	ה	מ
ח	י	י	ב	מ	מ	ק	ן	ח	ו
ש	ע	ת	ק	ו	ל	ו	כ	ו	ן
מ	צ	ד	ה	ן	ח	ש	ש	ף	ך
ד	ק	ר	ו	פ	י	ל	מ	נ	ט
ת	ר	נ	כ	ה	ר	ת	ב	ו	ר

מְצָדָה Masada	מַכְתֵּשׁ רָמוֹן Ramon Crater	הַר חֶרְמוֹן Mt Hermon	שׁוּק הַכַּרְמֶל Carmel Market	יַם הַמֶּלַח Dead Sea
נְמַל יָפוֹ Jaffa Port	קֶבֶר רָחֵל Rachel’s Tomb	מִשְׁכַּן הַכְּנֶסֶת The Knesset	כְּבִישׁ הַחוֹף Highway 2	הַר הַבַּיִת Temple Mount
עֵין גֶּדִי Ein Gedi	הַר הַכַּרְמֶל Mt Carmel	הַר תָּבוֹר Mt Tabor	הַכֹּתֶל הַמַּעֲרָבִי Western Wall	הַכִּנֶּרֶת Sea of Galilee

9 Holiday foods מַאַכְלֵי חַג

ת	ס	ר	ח	ג	ד	ל	ש	ש	א	ר
ט	ר	ק	ב	ה	ה	י	י	ש	ף	ה
ך	ל	ד	י	נ	ק	ט	ק	ל	ה	נ
ד	ח	ב	צ	ן	ם	ד	א	ן	י	י
ש	ל	ך	ה	פ	ת	מ	ר	ר	נ	ב
ס	מ	ר	ק	ע	ו	ף	ק	ר	ג	ג
ז	מ	ל	ש	ב	ד	ב	ח	ו	פ	ת
א	ז	ן	ה	מ	ן	ו	מ	ר	ס	ג
נ	ב	ר	ת	צ	פ	ן	י	מ	ח	ו
ה	ע	ץ	נ	ה	ב	י	ב	ל	ף	ע

תַּפּוּחַ בִּדְבַשׁ apple in honey	אֹזֶן הָמָן hamantash	שָׁקֵד almond	עוּגַת גְּבִינָה cheesecake	חֲרֹסֶת charoset	סֻפְגָּנִיָּה jelly doughnut
רֹאשׁ שֶׁל דָּג fish head	מָרוֹר bitter herb	מַצָּה matzah	בֵּיצָה קָשָׁה hard boiled egg	לְבִיבָה latke	קְנֵיְדְלָךְ matzah balls
לֶבְּיָה black-eyed peas	יַיִן אָדֹם red wine	תָּמָר date	מְרַק עוֹף chicken soup	חַמִּין cholent	רִמּוֹן pomegranate

Bible names   שֵׁמוֹת מֵהַתָּנָ"ךְ

ב	ד	ת	ל	י	ח	ר	ק	ר	פ
א	ו	ת	ו	ש	ו	א	ד	א	ט
ם	ד	א	ב	ר	ה	ם	נ	ו	י
ה	נ	ר	א	ה	פ	ה	ר	פ	ל
ד	ק	ח	צ	י	ע	ק	ב	צ	ק
ף	פ	ל	ט	ו	ג	ס	ק	ל	ד
ם	א	נ	א	ס	ת	ר	ה	ב	ב
י	פ	ה	מ	ף	ק	א	ח	ה	ע
ר	ש	ל	ר	ע	ל	מ	ו	ש	ט
מ	ב	ג	כ	ן	פ	א	ן	ד	מ

אַבְרָהָם Abraham	רִבְקָה Rebekah	לֵאָה Leah	אַהֲרֹן Aaron	אֶסְתֵּר Esther	הֶבֶל Abel
שָׂרָה Sarah	יַעֲקֹב Jacob	יוֹסֵף Joseph	דָּוִד David	מִרְיָם Miriam	חַוָּה Eve
יִצְחָק Isaac	רָחֵל Rachel	מֹשֶׁה Moses	רוּת Ruth	אָדָם Adam	נֹחַ Noah

11 Judaica יוּדָאִיקָה

ך	כ	ה	פ	כ	פ	ש	ו	פ	ר
ח	ו	ר	ת	ס	א	ת	ל	ג	מ
ס	ס	ט	י	ו	ה	ב	ל	ו	ל
פ	ק	ל	מ	י	ר	כ	א	ג	ק
ל	ד	י	ז	ח	ו	ך	ת	ע	ת
ש	ו	ת	ו	ל	ת	נ	ר	ר	פ
ה	ש	י	ז	ה	ר	ת	ו	ק	ל
ד	ס	צ	ה	א	פ	ד	ג	ד	י
ג	כ	י	ל	ס	ס	ה	ץ	ע	ן
ה	ה	צ	ח	נ	כ	י	ה	ם	פ

טַלִּית
tallit

כִּפָּה
kippah

אֶתְרוֹג
etrog

מְגִלַּת אֶסְתֵּר
Book of Esther

צִיצִית
tzitzit

כּוֹס קִדּוּשׁ
Kiddush cup

תְּפִלִּין
tefillin

שׁוֹפָר
shofar

לוּלָב
lulav

הַגָּדָה שֶׁל פֶּסַח
Passover Haggadah

סִדּוּר
siddur

סֵפֶר תּוֹרָה
Torah scroll

מְזוּזָה
mezuzah

חֲנֻכִּיָּה
menorah

סֻכָּה
sukkah

קַעֲרַת פֶּסַח
Passover Seder plate

תָּנָ"ךְ
Bible

כִּסּוּי חַלָּה
challah cover

12 Hebrew alphabet אָלֶף־בֵּית עִבְרִי

נ	ת	י	ב	פ	ש	ר	צ	ד	פ
ת	ל	כ	ד	ר	י	ד	מ	ת	נ
י	ד	ה	ג	ש	ף	ל	א	ע	ו
ט	ף	ח	י	ט	כ	ר	ק	י	ן
ע	פ	ת	מ	נ	ר	ך	ו	ן	ף
ת	ז	ן	ל	ם	ן	א	ה	ב	ח
ד	ו	י	צ	ה	ק	פ	ף	ח	ע
ש	ק	ש	ן	ע	ו	ב	י	ל	כ
ל	ט	פ	ק	ך	ף	ת	ו	ד	ג
ס	מ	ך	ש	א	ו	י	ת	נ	צ

תָּיו Tav	קוּף Kuf	עַיִן Ayin	מֵם Mem	יוּד Yud	זַיִן Zayin	דָּלֶת Dalet	אָלֶף Alef
	רֵישׁ Resh	פֵּא Peh	נוּן Nun	כָּף Kaf	חֵית Het	הֵא Heh	בֵּית Bet
	שִׁין Shin	צָדִי Tsadi	סָמֶךְ Samech	לָמֶד Lamed	טֵית Tet	וָיו Vav	גִּימֶל Gimmel

13 Songs שִׁירִים

ש	י	ר	י	ם	ע	ד	כ	א	ן
י	כ	א	ש	ל	ו	ל	א	נ	ה
ר	ל	ר	ב	ו	ש	ז	נ	י	ל
ל	נ	צ	י	ע	ה	ו	י	ג	א
ש	י	א	א	ן	ש	ג	ו	י	ל
ל	ו	ר	ה	ו	ל	ף	א	ט	כ
ו	ת	צ	ב	ד	ו	ו	ת	ר	ל
ם	ט	ב	ה	א	ם	ע	ה	ה	ע
ה	ת	ק	ו	ה	ל	ל	ו	י	ה
ל	ו	י	ה	י	ד	ג	ן	י	ע

שִׁירִים עַד כָּאן Songs So Far	עוֹשֶׂה שָׁלוֹם Oseh Shalom	הַלְלוּיָהּ Hallelujah	אֲדוֹן עוֹלָם Adon Olam	הַתִּקְוָה The Hope
עַל כָּל אֵלֶּה About All These	יֵשׁ בִּי אַהֲבָה I'm Filled with Love	לוּ יְהִי Let It Be	שִׁיר לַשָּׁלוֹם Song for Peace	אֲנִי וְאַתָּה You and I
אֶרֶץ, אֶרֶץ A Land, A Land	אֲנִי גִּיטָרָה I'm a Guitar	כַּלָּנִיּוֹת Anemones	עוּף גּוֹזָל Fly Fledgling	עֵין גֶּדִי Ein Gedi

14 Games מִשְׂחָקִים

ט	מ	ח	ש	ב	ש	ש	ק	ע	ר
ב	ז	מ	ר	ה	מ	ח	ל	מ	ב
מ	ש	ח	ק	ז	ב	ר	ו	ן	ר
ב	ג	ה	ד	י	ח	ר	פ	ו	ס
ר	ס	ב	ו	ן	מ	ץ	ו	ם	י
י	ד	ו	מ	י	נ	ו	נ	ף	ק
ד	ו	ד	ת	ו	ל	ל	ו	צ	א
ג	ק	מ	ן	נ	ח	ש	מ	י	ט
א	י	ק	ס	ע	ג	ו	ל	ף	ח
ה	ם	ה	ל	ק	נ	מ	ג	ב	ע

שַׁחְמָט chess
מוֹנוֹפּוֹל Monopoly
טַאקִי Taki
אִיקְס עִגּוּל tic-tac-toe
בְּרִידְג' bridge
רֶבֶרְסִי reversi

דַּמְקָה checkers
מַנְקָלָה mancala
שֵׁשׁ-בֵּשׁ backgammon
מִשְׂחָק זִכָּרוֹן memory game
סִכּוּן Risk
דּוּקִים pick-up sticks

רֶמִי rummy
מִלְחָמָה war
דּוֹמִינוֹ dominoes
נַחֵשׁ מִי? Guess Who?
הַרֶמֶז Clue
צוֹלְלוֹת Battleship

15 Slang סְלֵנְג

מ	ה	נ	ס	ג	ר	ק	ע	נ	ח
ק	פ	ר	ף	י	פ	ח	ו	י	ב
ק	ט	ט	ח	א	ן	ך	י	א	ל
ד	ש	ע	ם	י	נ	פ	ה	ל	ע
ס	ל	כ	ת	ן	ב	כ	ג	ל	ל
ה	י	ח	ס	מ	א	ח	ל	ה	ה
ף	ס	ט	ח	צ	ס	ם	ר	ו	ז
ו	ח	א	מ	ב	נ	כ	ס	ם	מ
ר	ד	ש	ב	פ	י	צ	ו	ץ	ן
ש	נ	ה	ר	פ	כ	ח	ו	ט	ר

סַבַּבָּה	okay
חֲבָל עַל הַזְּמַן	amazing; pointless
זוֹרֵם	easygoing
סְתָם	just kidding
סַחְתֵּין	well done
תַּכְלֶס	bottom line
אַחְלָה	excellent
קֶטַע	thing; situation
עַל הַפָּנִים	terrible
כַּפָּרָה	sweetheart
פִּיצוּץ	fantastic
שָׂרוּף	hooked; toast
יַאללַה	come on
מָה נִסְגַּר	what's your deal?
סֶרֶט	drama
אֵין מַצָּב	no way
חָפִיף	sloppy
בַּאְסָה	bummer

16 Community helpers אֲנָשִׁים שֶׁעוֹזְרִים לָנוּ

ל	מ	ס	נ	ג	ע	א	ח	ו	ן
מ	צ	ו	ש	ה	א	ג	ק	ד	ד
א	י	ב	פ	ל	ח	ה	ו	ו	ג
ב	ל	ו	ש	ט	ו	י	ר	א	ח
ט	ה	ט	ד	כ	ת	ט	פ	ו	ש
ח	ת	ו	ב	ע	ו	ם	ב	ף	מ
ק	ל	א	ר	ט	ו	ש	מ	נ	ל
י	י	ג	ץ	ת	ת	ר	ו	פ	א
ת	ח	ה	ר	נ	י	ר	ט	ו	י
ך	ו	נ	מ	כ	ו	נ	א	י	ת

מוֹרֶה
teacher (m)

כַּבָּאִית
firefighter (f)

וֵטֵרִינָר
veterinarian (m)

חַשְׁמַלָּאִית
electrician (f)

רוֹקֵחַ
pharmacist (m)

אָחוֹת
nurse (f)

דַּוָּר
mail carrier (m)

חוֹבֶשֶׁת
medic (f)

מְאַבְטֵחַ
security guard (m)

מְכוֹנָאִית
mechanic (f)

שׁוֹטֵר
policeman

מַצִּילָה
lifeguard (f)

נַהַג אוֹטוֹבּוּס
bus driver (m)

שׁוֹפֶטֶת
judge (f)

רוֹפֵא
doctor (m)

17 Traveling מְטַיְּלִים

פ	ע	ר	כ	ב	ל	ת	ב	כ	ר
א	ו	פ	נ	ו	ע	י	ע	כ	כ
ד	נ	א	ב	ה	מ	נ	ד	נ	ס
ש	ט	נ	י	ק	ר	ו	ק	ה	ו
א	ק	י	א	ק	ר	כ	פ	ר	ב
ה	ו	ה	מ	פ	ח	מ	ך	כ	ו
ל	ס	ן	ו	ר	ו	ט	ק	ר	ט
י	מ	ר	נ	ד	ב	נ	א	כ	ו
כ	ח	ג	י	ם	י	נ	פ	ו	א
ה	ק	כ	ת	ד	ס	ו	ט	מ	מ

גָּמָל camel	אוֹפַנּוֹעַ motorcycle	קָיָאק kayak	אוֹפַנַּיִם bicycle	אוטוֹבּוּס bus	אֳנִיָּה ship
כִּרְכָּרָה carriage	כַּדּוּר פּוֹרֵחַ hot air balloon	מַסּוֹק helicopter	הֲלִיכָה walk	מְכוֹנִית car	רַכֶּבֶת train
רַכֶּבֶל funicular	טְרַקְטוֹרוֹן ATV	מָטוֹס plane	קַטְנוֹעַ motor scooter	קוֹרְקִינֶט scooter	מוֹנִית taxi

18 Trees עֵצִים

פ	ק	ו	נ	ג	ך	ת	א	ל	ת
ש	ס	ת	כ	ן	ת	ש	י	ה	ם
ב	ש	ו	ר	ב	ו	צ	ק	ז	ש
ר	ר	ת	ה	ד	י	מ	ל	ד	ז
ן	ם	מ	ז	ב	ש	ה	י	ך	א
ר	ש	ר	ו	ד	ה	ת	פ	ל	ג
א	ז	ד	ע	ן	נ	ק	ט	ץ	ק
ת	ש	ק	ו	ת	א	ב	ו	ר	ח
ה	ד	ל	ם	ן	ת	ד	ס	ד	א
ר	א	י	ך	ץ	ש	ם	ז	ך	ה

אַלּוֹן oak	תּוּת mulberry	תְּאֵנָה fig	אֵיקָלִיפְּטוּס eucalyptus	בְּרוֹשׁ cypress	שָׁקֵד almond
שֶׁסֶק loquat	אֹרֶן pine	דֶּקֶל palm	דֻּבְדְּבָן cherry	חָרוּב carob	זַיִת olive
לִיצִ׳י lychee	אֶשֶׁל saltcedar	לִימוֹן lemon	פֵּקָאן pecan	רִמּוֹן pomegranate	תָּמָר date

19 Children's books סִפְרֵי יְלָדִים

ל	י	ל	ה	ט	ו	ב	י	ר	ח
ר	י	כ	ש	ה	ל	ה	ר	י	ד
ד	ו	פ	י	ק	י	ל	ו	מ	ש
ו	ל	ע	י	ל	ש	ת	י	ב	ה
י	ה	ע	צ	ה	נ	ד	י	ב	ל
ק	ל	ט	פ	צ	י	מ	ג	ה	א
ו	ג	ב	ם	ח	ס	ר	י	ת	ו
נ	י	ה	ל	ן	ו	י	פ	ס	כ
י	י	ו	ט	ו	ל	פ	ה	י	א
פ	ב	ר	ע	י	ה	י	ו	י	ת

הַבַּיִת שֶׁל יָעֵל
Yael's House

הָעֵץ הַנָּדִיב
The Giving Tree

אַיֵּה פְּלוּטוֹ
Where is Pluto?

פִּינוֹקְיוֹ
Pinocchio

דִּירָה לְהַשְׂכִּיר
Room for Rent

לַיְלָה טוֹב יָרֵחַ
Goodnight Moon

וַיְהִי עֶרֶב
And it was Evening

כַּסְפִּיוֹן
Caspion

תִּירָס חַם
Corn on the Cob

מִיץ פֶּטֶל
Mitz Petel

שְׁמוּלִיקִיפּוֹד
Shmulikipod

בֵּייגֶלֶה
Pretzel

20 High Tech הַי־טֶק

ר	א	ל	ג	ו	ר	י	ת	ם	ר
י	ש	ו	מ	ו	ן	ע	ר	כ	כ
ר	ח	פ	ן	ב	ר	ד	ה	ח	ב
ו	ט	נ	ר	ט	נ	י	א	ן	ל
ב	ע	ג	מ	ך	ס	מ	ע	ו	ל
ו	ט	ן	ש	י	ח	ת	ר	פ	א
ט	ע	ה	ר	ב	ש	ח	מ	ל	נ
י	פ	א	ט	ר	א	ט	ס	ט	ה
ק	ע	נ	ן	ט	ל	ב	א	ט	ג
ה	מ	ד	מ	ת	ו	א	י	צ	מ

מַחְשֵׁב
computer

מָסָךְ מַגָּע
touch screen

אַבְטָחַת מֵידָע
cyber security

עָנָן
cloud

רוֹבּוֹטִיקָה
robotics

טַאבְּלֶט
tablet

יִשּׁוּמוֹן
application

מְצִיאוּת מְדֻמָּה
virtual reality

רַחְפָן
drone

אַלְגוֹרִיתְם
algorithm

טֶלֶפוֹן חָכָם
smart phone

אִינְטֶרְנֶט
internet

רֶכֶב לְלֹא נַהָג
autonomous car

חַיְשָׁן
sensor

סְטַארְט־אַפּ
startup

21 Ice cream flavors טַעֲמֵי גְּלִידָה

ט	ע	ד	ע	ת	ו	ג	נ	מ	ס
צ	ל	י	נ	ו	ל	ע	ח	פ	ו
מ	ל	ו	ן	ת	ג	מ	ס	ק	ק
צ	ח	י	ט	ב	א	י	י	פ	ו
ע	נ	ל	ס	ת	פ	ט	ו	ה	ק
ד	ל	ט	פ	ל	ס	ס	צ	ת	ו
ם	י	ק	ו	מ	צ	ם	ו	ר	ט
ו	א	ר	ב	ת	ח	ל	ב	ל	ס
ן	ה	ש	ו	ק	ו	ל	ד	ע	י
ד	ח	ל	ו	ה	נ	נ	ב	צ	פ

וָנִיל vanilla
קָפֶה coffee
עוּגִיּוֹת cookies
מֶלוֹן melon
אֲבַטִּיחַ watermelon
רִבַּת חָלָב dulce de leche
שׁוֹקוֹלָד chocolate
בָּנָנָה banana
מַסְטִיק bubblegum
פֶּטֶל raspberry
קוֹקוּס coconut
חֶמְאַת פֶּקָאן butter pecan
פִּיסְטוּק pistachio
תּוּת strawberry
פָּסִיפְלוֹרָה passion fruit
מַנְגּוֹ mango
חַלְוָה halva
רוּם צִמּוּקִים rum raisin

22 Pizza toppings תּוֹסָפוֹת לְפִּיצָה

ב	מ	ל	ב	ט	ט	ה	ז	מ	ל
ש	צ	י	ו	ל	ק	ל	י	צ	ח
ב	מ	ה	נ	ו	ט	ס	ת	ע	ס
ש	פ	ל	פ	ל	ח	ר	י	ף	נ
ל	ע	ח	ך	ס	ב	ע	ם	ס	נ
ג	ח	א	נ	ש	ו	ב	י	מ	א
ס	ס	ר	י	ת	ו	י	ר	ט	פ
ל	א	ר	ט	י	ש	ו	ק	ע	ש
צ	ג	ב	ו	ל	ג	ר	י	ת	ו
ב	ז	י	ל	י	ק	ו	ם	ח	ם

זֵיתִים יְרֻקִּים
green olives

פִּטְרִיּוֹת
mushrooms

אַרְטִישׁוֹק
artichoke

בָּצָל
onion

תִּירָס
corn

חָצִיל קָלוּי
roasted eggplant

אֲנָנָס
pineapple

בָּצָל סָגֹל
purple onion

פִּלְפֵּל חָרִיף
hot pepper

שׁוּם
garlic

בּוּלְגָּרִית
Bulgarian cheese

אַנְשׁוֹבִי
anchovy

בָּזִילִיקוּם
basil

טוּנָה
tuna

בָּטָטָה
sweet potato

23 In the countryside בַּכְּפָר

ט	כ	ט	א	ד	כ	פ	א	ע	ך
א	ר	ו	ה	ע	ר	מ	ט	ח	ד
ת	פ	ק	ד	ה	מ	מ	ח	פ	כ
ו	ח	כ	ט	ל	מ	ד	ל	י	ת
ב	ב	א	ך	ו	ט	ח	ה	ק	ד
ר	י	צ	ק	ל	ר	פ	ש	י	ט
ת	א	פ	ט	כ	ה	ר	ר	ך	ח
ר	ס	ל	כ	א	ר	ד	ח	פ	א
ד	י	ק	ט	י	פ	ס	מ	ך	ת
ח	פ	ח	כ	פ	א	ט	ח	צ	י

טְרַקְטוֹר	לוּל	חֲמָמָה	קָצִיר	דִּיר	חֲדַר אֹכֶל
tractor	coop	greenhouse	harvest (grain)	pen	cafeteria

מַחְרֵשָׁה	רֶפֶת	פַּרְדֵּס	אָסִיף	קָטִיף	חֲדַר תַּרְבּוּת
plow	cowshed	orchard	harvest (gathering)	pick (fruit)	culture room

מַמְטֵרָה	מַטָּע	מִרְעֶה	אֻרְוָה	שֹׁקֶת	דְּלִי
sprinkler	grove	pasture	stable	trough	pail

24 On the street בָּרְחוֹב

ה	ט	א	ה	ס	פ	מ	ג	מ	א
ה	י	צ	ח	ר	ב	ע	מ	ד	ת
כ	ב	י	ש	ר	ש	ג	ה	ח	ב
ר	מ	ז	ו	ר	א	ל	נ	ן	נ
ד	ת	צ	נ	ך	מ	ת	נ	ח	א
מ	ס	פ	ס	ל	ד	נ	ת	נ	ר
נ	ה	א	ט	ל	ש	ו	מ	י	כ
ה	ת	ג	ק	ת	א	ע	ר	ו	ב
ר	כ	ב	ת	ק	ל	ה	ו	ן	ת
ה	ם	י	ל	ו	ש	א	ר	ג	ה

פַּס הֶאָטָה speed bump
מִדְרָכָה sidewalk
מַעֲבַר חֲצִיָּה crosswalk
רַמְזוֹר traffic light
רַכֶּבֶת קַלָּה light rail

כְּבִישׁ road
תַּמְרוּר signpost
מַדְחָן parking meter
חַנְיוֹן parking lot
תַּחֲנַת דֶּלֶק gas station

שֶׁלֶט sign
מִנְהָרָה tunnel
מַעֲגַל תְּנוּעָה traffic circle
גֶּשֶׁר bridge
שׁוּלַיִם road shoulder

25 On the playground בְּמִגְרַשׁ הַמִּשְׂחָקִים

ס	ל	י	ק	א	מ	א	ד	נ	ק
ו	ס	ב	ו	ר	ק	ג	ה	ס	פ
פ	ט	מ	ח	ג	כ	ע	ל	ך	י
ט	ג	ו	צ	ז	ח	ם	ס	ש	צ
ה	ת	ן	ף	ח	ק	ב	ו	ג	ה
ץ	נ	י	ץ	ו	ת	י	ר	ה	ד
ת	ס	כ	פ	ל	ח	כ	ק	מ	נ
כ	ל	י	ס	צ	נ	ב	א	ש	ד
נ	ם	ת	ע	נ	ת	ו	ר	ץ	נ
י	ס	ר	ץ	ב	ר	ז	י	ה	ת

נַדְנֵדָה
swing

סֻלָּם
ladder

קְפִיצָה
jump

דֶּשֶׁא
grass

צֵל
shadow

בֶּרֶזִיָּה
water fountain

מַגְלֵשָׁה
slide

חָבֵר
friend (m)

קָרוּסֶלָה
carousel

צְחוֹק
laughter

חֶבֶל
rope

אַרְגַּז חוֹל
sandbox

תּוֹר
turn

חֲבֵרָה
friend (f)

תַּצְפִּית
lookout

טִפּוּס
climb

אוֹמֵגָה
zipline

סֻלַּם קוֹפִים
monkey bars

26 Mathematics מָתֵמָטִיקָה

א	מ	ט	ר	ם	ר	ג	ב	ט	ל
ט	ג	ש	ה	ר	ב	ל	ו	ג	ע
מ	י	ל	ט	ג	א	י	פ	ך	ב
פ	ד	ש	ק	ו	ל	ח	ה	כ	ר
ר	ט	מ	ו	ל	י	ק	ו	ת	א
ט	ה	ג	ח	י	א	ר	ש	ז	ד
ו	א	ת	צ	ק	ב	ו	ל	מ	ג
ר	ט	מ	י	ט	נ	ס	ג	י	א
ה	ר	ב	ה	ב	ד	ח	ב	ו	ר
ט	א	ל	ג	י	ת	ה	ט	ף	ב

מֶטֶר meter
גְּרָם gram
חִסּוּר subtraction
אָחוּז percent
חֵצִי half
מִשְׁקָל weight

סֶנְטִימֶטֶר centimeter
קִילוֹגְרָם kilogram
כֶּפֶל multiplication
עִגּוּל circle
רֶבַע quarter
הַרְבֵּה a lot

קִילוֹמֶטֶר kilometer
חִבּוּר addition
חִלּוּק division
מְשֻׁלָּשׁ triangle
טֶמְפֶּרָטוּרָה temperature
קְצָת a little

27 Israeli childhood יַלְדוּת יִשְׂרְאֵלִית

א	פ	ם	ו	י	ס	ת	ב	ס	מ
ל	ט	ה	ח	ד	ג	מ	ל	ו	ח
ו	ם	ש	ק	ח	ר	ה	ב	מ	ב
ד	י	ב	ד	ס	א	ש	ו	ק	ו
ג	ל	נ	ח	ר	פ	ל	ט	ח	א
ה	ד	י	ת	ד	ל	ה	ם	ו	י
ש	נ	ם	ט	א	צ	ו	פ	י	ם
פ	ס	ט	י	ג	ל	ד	ח	ט	ד
ח	ו	ף	י	ם	ר	ת	ו	ל	ג
ה	ל	י	ת	נ	ש	ל	ו	י	ט

חוֹף יָם
beach

שׁוֹקוֹ
chocolate milk

מְסִבַּת סִיּוּם
year-end party

גֻּלּוֹת
marbles

דָּג מָלוּחַ
Red Light, Green Light

סַנְדָּלִים
sandals

צוֹפִים
Israeli scouts

פֶסְטִיגָל
Festigal

שְׁכֵנִים
neighbors

טִיּוּל שְׁנָתִי
annual trip

הַפְסָקָה
recess

יוֹם הֻלֶּדֶת
birthday

מַחְבּוֹאִים
hide and seek

בַּמְבָּה
Bamba

הַחֹפֶשׁ הַגָּדוֹל
summer vacation

28 Funny words מִלִּים מַצְחִיקוֹת

ל	ש	ח	א	ג	ז	ו	ז	ח	פ
א	ק	ש	ו	ק	ש	ק	ף	נ	ל
ו	ש	ג	ו	ד	ג	ד	ח	ו	ו
צ	ו	פ	צ	י	ק	פ	ך	ד	ץ
נ	ק	ש	א	ל	ר	ו	ח	נ	י
ו	ה	ט	ש	פ	ץ	ב	ג	י	פ
ן	ר	ו	ר	ט	י	ל	ר	ק	ק
ף	ש	ת	ך	פ	ר	ג	ף	ב	ר
ל	ו	ט	ל	ט	פ	ן	א	ל	ן
ד	ח	א	ש	ת	ש	ו	נ	ש	נ

בָּלָגָן mess	ג׳וּק cockroach	קִשְׁקוּשׁ scribble	שְׁפְּרִיץ squirt	דִּגְדּוּג tickle	רַבְרְבָן boastful
פְּלוֹץ fart	גָּזוֹז soda	שַׁקְשׁוּקָה shakshuka	נוּדְנִיק bothersome	פַּטְפֶּטֶת chatter	צִנּוּן chill; cold
קְפִיץ spring	שְׁטוּת nonsense	חֲפַרְפֶּרֶת mole	צ׳וּפְּצִ׳יק tip	נִשְׁנוּשׁ snack	טִלְטוּל shaking

Answer key

1 Holidays חַגִּים

ך	ש	כ	ח	מ	ט	י	ו	ב	ס
א	ט	ה	נ	ש	ה	ש	א	ר	פ
י	ו	ם	כ	פ	ו	ר	ק	צ	ה
נ	ב	ג	ה	ת	ב	ש	ע	ש	צ
ם	ש	ב	ו	ע	ו	ת	ו	כ	ס
א	ב	ר	מ	ע	ב	ג	ל	ר	י
ד	ט	ע	ז	ר	ק	ף	ז	ש	ת
ס	ב	נ	ף	ח	ם	י	ר	ו	פ
ה	ר	ו	ת	ת	ח	מ	ש	פ	ס
ת	ש	ע	ה	ב	א	ב	ו	ן	ח

2 Herbs and spices עִשְׂבֵי תִּבּוּל וְתַבְלִינִים

ר	ח	ש	ל	פ	ל	פ	צ	ז	נ
ם	ו	כ	ר	כ	ך	ט	פ	ע	ע
ן	י	ר	מ	ז	ו	ר	ר	ת	נ
י	ק	נ	מ	ו	ן	ו	ן	ר	ע
מ	ט	ק	ס	ו	מ	ז	ו	ג	א
י	ה	ט	פ	פ	ר	י	ק	ה	ר
ת	ז	נ	ג	ב	י	ל	א	ו	י
ג	מ	ש	פ	א	מ	י	ת	ר	מ
ך	ב	ו	ס	ב	ר	ה	ף	מ	ש
ו	ע	ם	ו	ק	י	ל	י	ז	ב

3 Flowers פְּרָחִים

ן	ל	י	ד	ג	א	פ	ש	ת	ה
ש	ד	ם	ו	י	נ	ר	ג	ס	ר
ו	ת	ע	ר	ק	פ	ת	ט	ו	ד
ש	ף	ח	ן	ט	ר	ב	ס	מ	ו
כ	ס	מ	ר	ג	ך	י	ח	ר	ף
ל	ב	נ	ט	ח	ר	צ	י	ת	ך
נ	י	י	ת	י	נ	ו	מ	ד	א
י	ו	ה	א	ג	צ	נ	פ	פ	ו
ת	ן	ס	י	ק	ר	נ	ע	צ	ר
ב	ל	ח	ס	נ	ו	ר	י	ת	ד

4 Beverages מַשְׁקָאוֹת

ם	ח	צ	נ	ע	נ	ע	נ	ה	ת
ל	ע	כ	ה	ד	נ	ו	מ	י	ל
מ	ם	י	ב	נ	ע	צ	י	מ	י
ש	ם	י	ז	ו	פ	ת	צ	י	מ
ו	ח	מ	ט	א	מ	ה	ג	ס	ו
ק	ו	י	ק	ר	י	י	ז	ו	נ
ו	ק	צ	ד	ס	ם	ר	ר	ד	ע
ק	ו	פ	ף	נ	ס	ק	פ	ה	נ
ר	ש	ט	ר	ח	ש	ה	פ	ק	ע
ש	ד	ל	ף	ח	ח	ב	ל	ח	ס

5 Natural disasters אֲסוֹנוֹת טֶבַע

ה	ו	ר	י	ק	ן	ה	פ	ג	מ
פ	מ	י	מ	נ	ו	צ	ט	ס	פ
ו	ס	ד	ו	ב	ת	פ	ו	ס	ל
ך	ק	ש	א	ח	ף	פ	ר	ר	ת
א	ר	ט	ק	ת	ת	ן	נ	ע	ש
ג	ב	פ	ר	א	ד	ו	ד	י	ל
מ	ת	ו	ש	א	ט	י	ו	ת	ג
י	כ	ן	ת	ר	צ	ב	ע	פ	י
ג	מ	פ	ל	ת	ב	ץ	ל	ר	ם
ה	ל	ו	ח	ת	פ	ו	ס	ש	צ

6 Outer space הֶחָלָל הַחִיצוֹן

ט	ש	מ	ש	ה	ת	כ	ר	ע	מ
ה	ב	ו	נ	ר	פ	ו	ס	פ	ץ
ד	י	ח	ח	ו	ה	כ	כ	ת	כ
י	ל	מ	ר	א	י	ב	ו	ו	ל
א	ה	ר	י	ט	ס	ש	כ	י	ר
ו	ח	א	ק	מ	ק	ב	ב	ע	ו
ר	ל	פ	ו	ן	ל	י	א	ק	א
ט	ב	ל	ם	כ	ג	ט	ר	ר	ת
ס	ר	ם	ת	י	ל	פ	ר	ע	נ
א	ק	י	ט	נ	ג	מ	ה	ד	ש

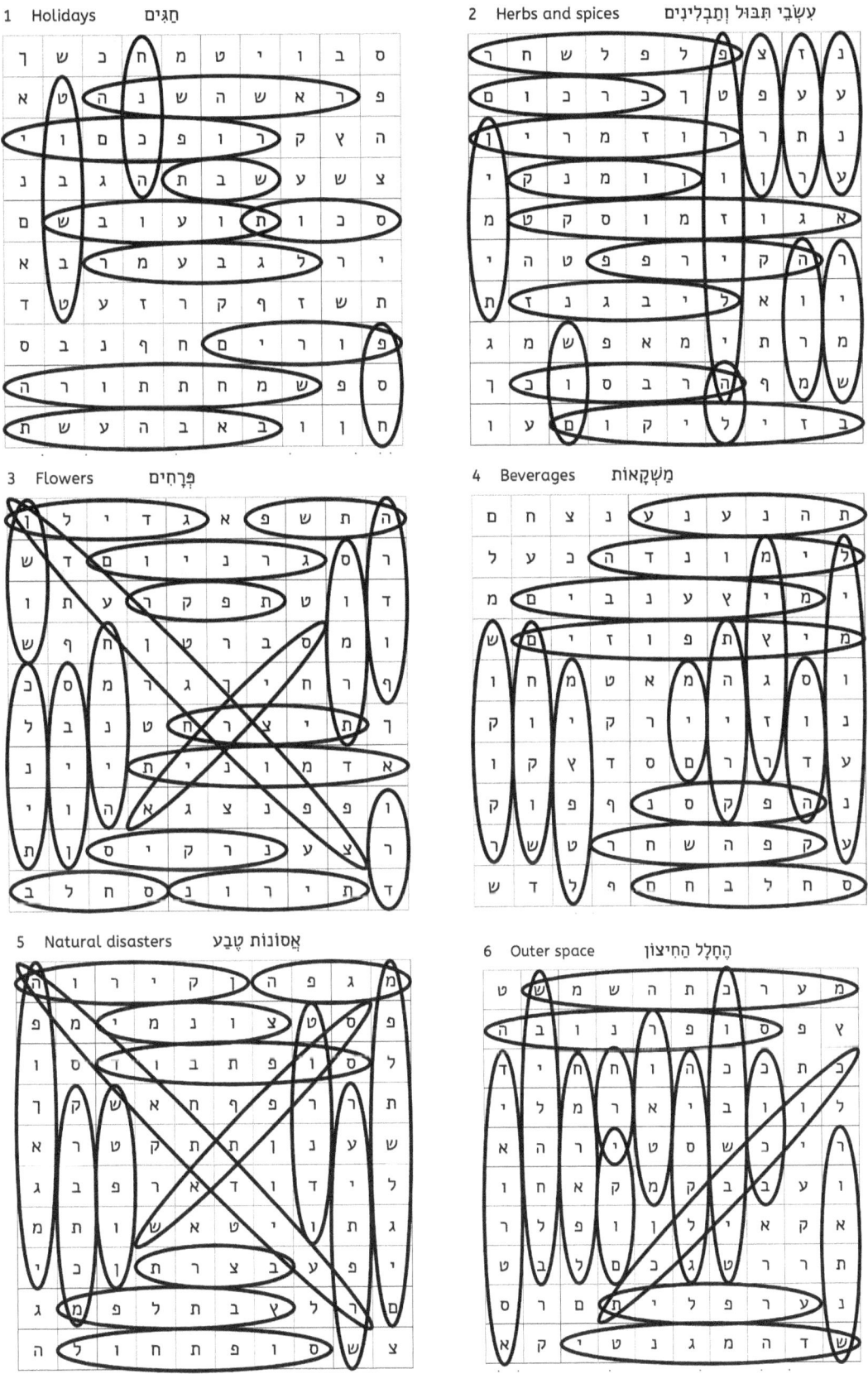

7 Communities in Israel יִשּׁוּבִים בְּיִשְׂרָאֵל

ש	ז	ם	י	ל	ש	ו	ר	י	פ
ד	כ	פ	ר	ס	ב	א	י	ל	ת
ר	ר	צ	ע	פ	ו	ל	ה	ט	ק
ו	ו	פ	כ	ט	ר	א	י	ה	י
ת	ו	ת	ו	ב	ק	ע	ר	נ	ס
ם	י	ל	ג	ר	פ	כ	ה	ו	ר
נ	ע	א	ח	י	פ	ה	נ	מ	י
צ	ק	ב	ר	ה	ר	צ	ל	י	ה
ר	ב	י	ק	ו	ץ	ח	פ	ד	ף
ת	ם	ב	א	ר	ש	ב	ע	א	ש

8 Landmarks צִיּוּנֵי דֶּרֶךְ

י	ב	ר	ע	מ	ה	ל	ת	כ	ה
ם	י	ה	ל	כ	ר	מ	ס	ב	ר
ה	ד	ר	ח	ת	ה	ר	נ	י	ח
מ	ג	ה	ר	ש	כ	כ	כ	ש	ר
ל	ן	ב	ר	ר	ר	ה	ה	ה	מ
ח	י	י	ב	מ	מ	ק	ן	ח	ו
ש	ע	ת	ק	ו	ל	ו	כ	ו	ן
מ	צ	ד	ה	ן	ח	ש	ש	ף	ך
ד	ק	ר	ו	פ	י	ל	מ	נ	ט
ת	ר	נ	כ	ה	ר	ת	ב	ו	ר

9 Holiday foods מַאַכְלֵי חַג

ת	ס	ר	ח	ג	ד	ל	ש	ש	א	ר
ט	ר	ק	ב	ה	ה	י	י	ש	ף	ה
ך	ל	ד	י	נ	ק	ט	ק	ל	ה	נ
ד	ח	ב	צ	ן	ם	ד	א	ן	י	י
ש	ל	ך	ה	פ	ת	מ	ר	ר	נ	ב
ס	מ	ר	ק	ע	ו	ף	ק	ר	ג	ג
ז	מ	ל	ש	ב	ד	ב	ח	ו	פ	ת
א	ז	ן	ה	מ	ן	ו	מ	ר	ס	ג
נ	ב	ר	ת	צ	פ	ן	י	מ	ח	ו
ה	ע	ץ	נ	ה	ב	י	ב	ל	ף	ע

10 Bible names שֵׁמוֹת מֵהַתָּנָ"ךְ

פ	ר	ק	ר	ח	י	ל	ת	ד	ב
ט	א	ד	א	ו	ש	ו	ת	ו	א
י	ו	נ	ם	ה	ר	ב	א	ד	ם
ל	פ	ר	ה	פ	ה	א	ר	נ	ה
ק	צ	ב	ק	ע	י	צ	ח	ק	ד
ד	ל	ק	ס	ג	ו	ט	ל	פ	ף
ב	ב	ה	ר	ת	ס	א	נ	א	ם
ע	ה	ח	א	ק	ף	מ	ה	פ	י
ט	ש	ו	מ	ל	ע	ר	ל	ש	ר
מ	ד	ן	א	פ	ן	כ	ג	ב	מ

11 Judaica יוּדָאִיקָה

ך	כ	ה	פ	כ	פ	ש	ו	פ	ר
ח	ו	ר	ת	ס	א	ת	ל	ג	מ
ס	ס	ט	י	ו	ה	ב	ל	ו	ל
פ	ק	ל	מ	י	ר	כ	א	ג	ק
ל	ד	י	ז	ח	ו	ך	ת	ע	ת
ש	ו	ת	ו	ל	ת	נ	ר	ר	פ
ה	ש	י	ז	ה	ר	ת	ו	ק	ל
ד	ס	צ	ה	א	פ	ד	ג	ד	י
ג	כ	י	ל	ס	ס	ה	ץ	ע	ן
ה	ה	צ	ח	נ	ב	י	ה	ם	פ

12 Hebrew alphabet אָלֶף־בֵּית עִבְרִי

נ	ת	י	ב	פ	ש	ר	צ	ד	פ
ת	ל	כ	ד	ר	י	ד	מ	ת	נ
י	ד	ה	ג	ש	ף	ל	א	ע	ו
ט	ף	ח	י	ט	כ	ר	ק	י	ן
ע	פ	ת	מ	נ	ר	ך	ו	ן	ף
ת	ז	ן	ל	ם	ו	א	ה	ב	ח
ד	ו	י	צ	ה	ק	פ	ף	ח	ע
ש	ק	ש	ן	ע	ו	ב	י	ל	כ
ל	ט	פ	ק	ך	ף	ת	ו	ד	ג
ס	מ	ך	ש	א	ו	י	ת	נ	צ

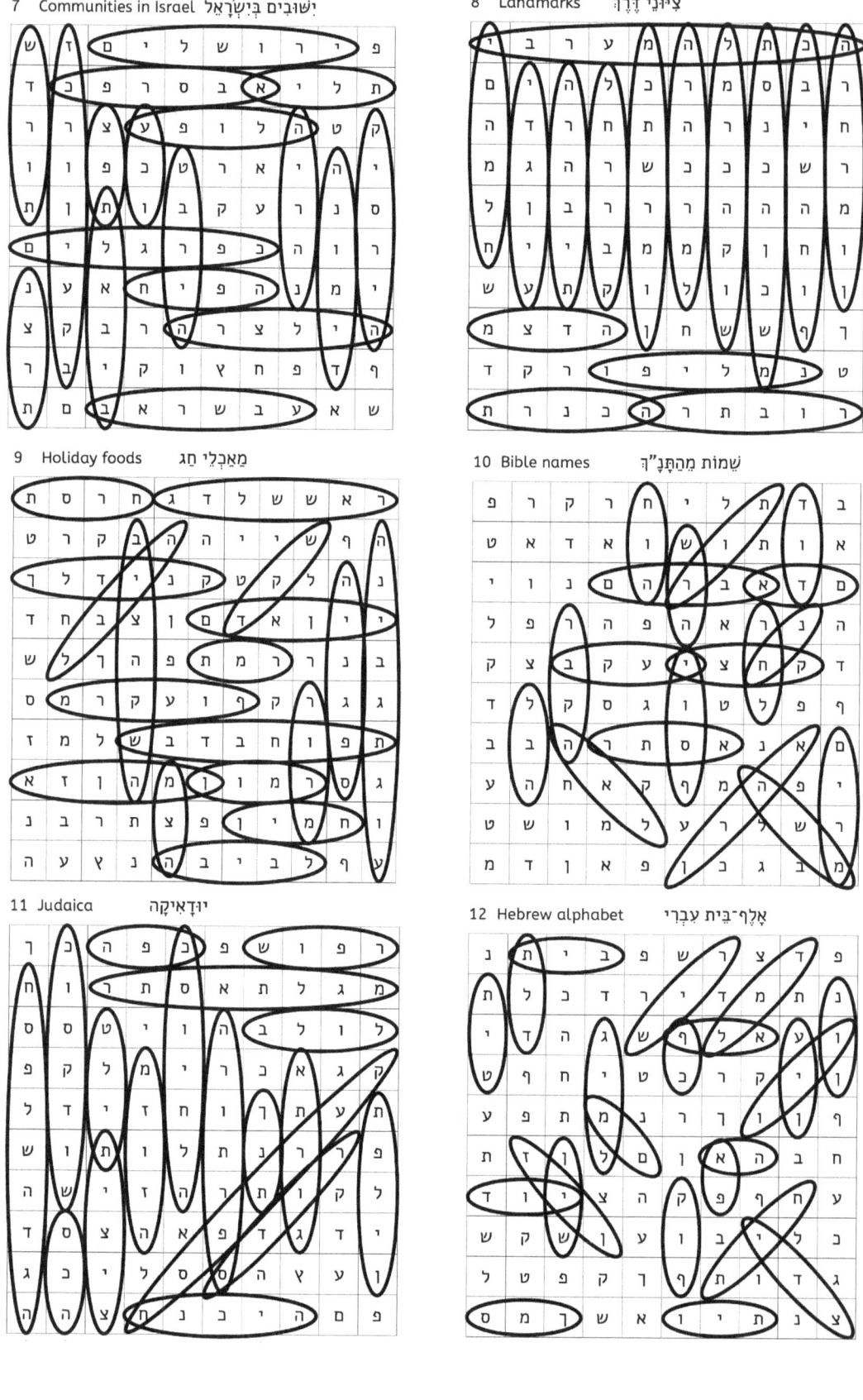

13 Songs שִׁירִים

ש	י	ר	י	ם	ע	ד	כ	א	ן
י	כ	א	ש	ל	ו	ל	א	נ	ה
ר	ל	ר	ב	ו	ש	ז	נ	י	ל
ל	נ	צ	י	ע	ה	ו	י	ג	א
ש	י	א	א	ן	ש	ג	ו	י	ל
ל	ו	ר	ה	ו	ל	ף	א	ט	כ
ו	ת	צ	ב	ד	ו	ו	ת	ר	ל
ם	ט	ב	ה	א	ם	ע	ה	ה	ע
ה	ת	ק	ו	ה	ל	ל	ו	י	ה
ל	ו	י	ה	י	ד	ג	ן	י	ע

14 Games מִשְׂחָקִים

ט	מ	ח	ש	ב	ש	ש	ק	ע	ר
כ	ז	מ	ר	ה	מ	ח	ל	מ	ב
מ	ש	ח	ק	ז	כ	ר	ו	ן	ר
ב	ג	ה	ד	י	ח	ר	פ	ו	ס
ר	ס	כ	ו	ן	מ	צ	ו	ם	י
י	ד	ו	מ	י	נ	ו	נ	ף	ק
ד	ו	ד	ת	ו	ל	ל	ו	צ	א
ג	ק	מ	ן	נ	ח	ש	מ	י	ט
א	י	ק	ס	ע	ג	ו	ל	ף	ח
ה	ם	ה	ל	ק	נ	מ	ג	כ	ע

15 Slang סְלֶנְג

מ	ה	נ	ס	ג	ר	ק	ע	נ	ח
ק	פ	ר	ף	י	פ	ח	ו	י	ב
ק	ט	ט	ח	א	ן	ך	י	א	ל
ד	ש	ע	ם	י	נ	פ	ה	ל	ע
ס	ל	ב	ת	ן	ב	כ	ג	ל	ל
ה	י	ח	ס	מ	א	ח	ל	ה	ה
ף	ס	ט	ח	צ	ס	ם	ר	ו	ז
ו	ח	א	מ	ב	נ	כ	ס	ם	מ
ר	ד	ש	ב	פ	י	צ	ו	ץ	ן
ש	נ	ה	ר	פ	כ	ח	ו	ט	ר

16 Community helpers אֲנָשִׁים שֶׁעוֹזְרִים לָנוּ

ל	מ	ס	נ	ג	ע	א	ח	ו	ן
מ	צ	ו	ש	ה	א	ג	ק	ד	ד
א	י	ב	פ	ל	ח	ה	ו	ו	ג
ב	ל	ו	ש	ט	ו	י	ר	א	ח
ט	ה	ט	ד	כ	ת	ט	פ	ו	ש
ח	ת	ו	ב	ע	ו	ם	ב	ף	מ
ק	ל	א	ר	ט	ו	ש	מ	נ	ל
י	י	ג	ץ	ת	ת	ר	ו	פ	א
ת	ח	ה	ר	נ	י	ר	ט	ו	י
ך	ו	נ	מ	כ	ו	נ	א	י	ת

17 Traveling מְטַיְּלִים

פ	ע	ר	כ	ב	ל	ת	ב	כ	ר
א	ו	פ	נ	ו	ע	י	ע	כ	כ
ד	נ	א	ב	ה	מ	נ	ד	נ	ס
ש	ט	נ	י	ק	ר	ו	ק	ה	ו
א	ק	י	א	ק	ר	כ	פ	ר	ב
ה	ו	ה	מ	פ	ח	מ	ך	כ	ו
ל	ס	ן	ו	ר	ו	ט	ק	ר	ט
י	מ	ר	נ	ד	ב	נ	א	כ	ו
ב	ח	ג	י	ם	י	נ	פ	ו	א
ה	ק	כ	ת	ד	ס	ו	ט	מ	מ

18 Trees עֵצִים

פ	ק	ו	נ	ג	ך	ת	א	ל	ת
ש	ס	ת	כ	ן	ת	ש	י	ה	ם
ב	ש	ו	ר	ב	ו	צ	ק	ז	ש
ר	ר	ת	ה	ד	י	מ	ל	ד	ז
ן	ם	מ	ז	ב	ש	ה	י	ך	א
ר	ש	ר	ו	ד	ה	ת	פ	ל	ג
א	ז	ד	ע	ן	נ	ק	ט	ץ	ק
ת	ש	ק	ו	ת	א	ב	ו	ר	ח
ה	ד	ל	ם	ן	ת	ד	ס	ד	א
ר	א	י	ך	ץ	ש	ם	ז	ך	ה

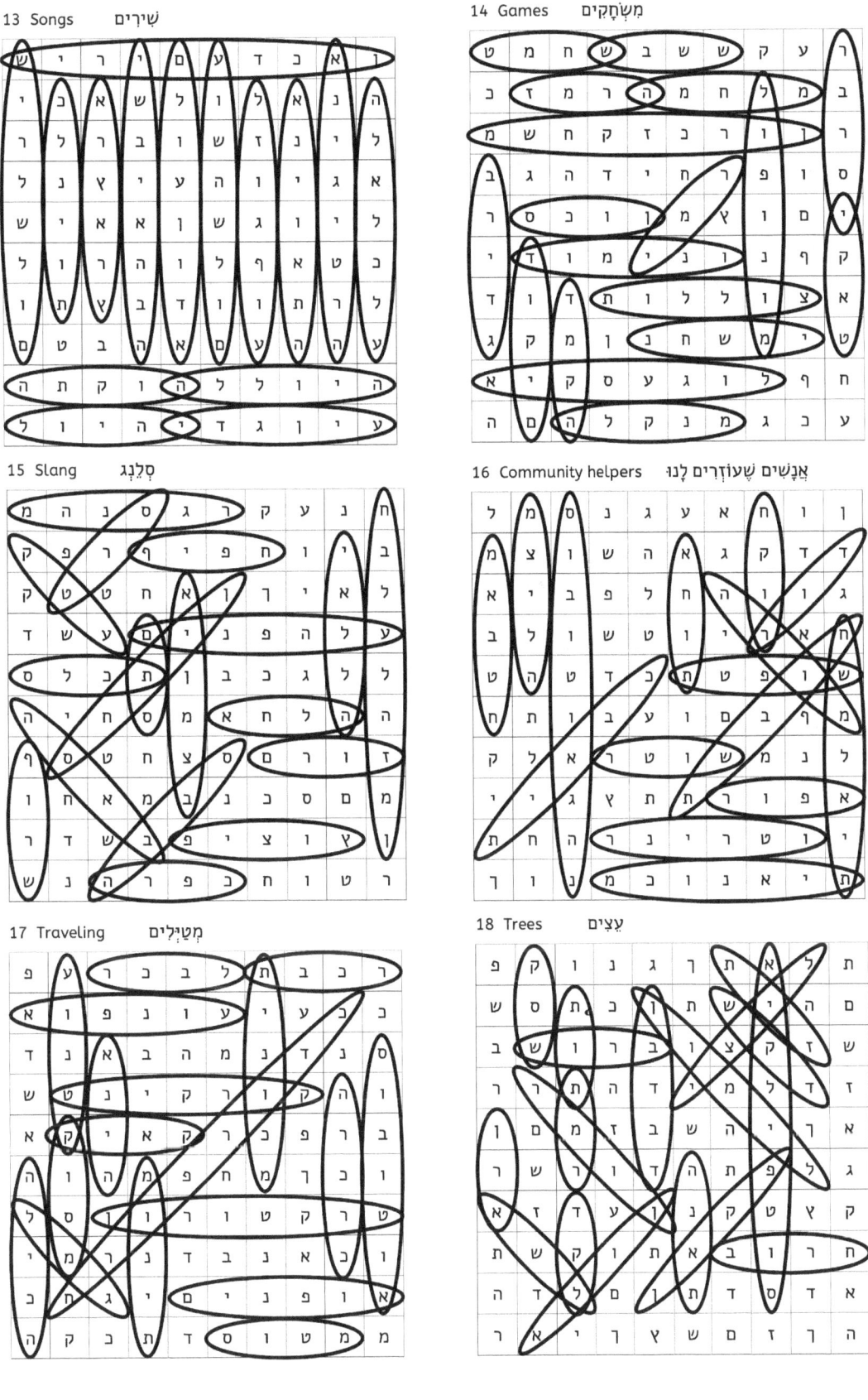

19 Children's books סִפְרֵי יְלָדִים

ל	י	ל	ה	ט	ו	ב	י	ר	ח
ר	י	ב	ש	ה	ל	ה	ר	י	ד
ד	ו	פ	י	ק	י	ל	ו	מ	ש
ו	ל	ע	י	ל	ש	ת	י	ב	ה
י	ה	ע	ץ	ה	נ	ד	י	ב	ל
ק	ל	ט	פ	ץ	י	מ	ג	ה	א
ו	ג	ב	ם	ח	ס	ר	י	ת	ו
נ	י	ה	ל	ן	ו	י	פ	ס	כ
י	י	ו	ט	ו	ל	פ	ה	י	א
פ	ב	ר	ע	י	ה	י	ו	י	ת

20 High Tech הַי-טֶק

ר	א	ל	ג	ו	ר	י	ת	ם	ר
י	ש	ו	מ	ו	ן	ע	ר	כ	כ
ר	ח	פ	ן	ב	ר	ד	ה	ח	ב
ו	ט	נ	ר	ט	נ	י	א	ן	ל
ב	ע	ג	מ	ך	ס	מ	ע	ו	ל
ו	ט	ן	ש	י	ח	ת	ר	פ	א
ט	ע	ה	ר	ב	ש	ח	מ	ל	נ
י	פ	א	ט	ר	א	ט	ס	ט	ה
ק	ע	נ	ן	ט	ל	ב	א	ט	ג
ה	מ	ד	מ	ת	ו	א	י	צ	מ

21 Ice cream flavors טַעֲמֵי גְּלִידָה

ט	ע	ד	ע	ת	ו	ג	נ	מ	ס
ץ	ל	י	נ	ו	ל	ע	ח	פ	ו
מ	ל	ו	ן	ת	ג	מ	ס	ק	ק
ץ	ח	י	ט	ב	א	י	י	פ	ו
ע	נ	ל	ס	ת	פ	ט	ו	ה	ק
ד	ל	ט	פ	ל	ס	ס	ץ	ת	ו
ם	י	ק	ו	מ	צ	ם	ו	ר	ט
ו	א	ר	ב	ת	ח	ל	ב	ל	ס
ן	ה	ש	ו	ק	ו	ל	ד	ע	י
ד	ח	ל	ו	ה	נ	נ	ב	ץ	פ

22 Pizza toppings תּוֹסָפוֹת לְפִיצָה

ב	מ	ל	ב	ט	ט	ה	ז	מ	ל
ש	צ	י	ו	ל	ק	ל	י	צ	ח
ב	מ	ה	נ	ו	ט	ס	ת	ע	ס
ש	פ	ל	פ	ל	ח	ר	י	ף	נ
ל	ע	ח	ך	ס	ב	ע	ם	ס	נ
ג	ח	א	נ	ש	ו	ב	י	מ	א
ס	ס	ר	י	ת	ו	י	ר	ט	פ
ל	א	ר	ט	י	ש	ו	ק	ע	ש
צ	ג	ב	ו	ל	ג	ר	י	ת	ו
ב	ז	י	ל	י	ק	ו	ם	ח	ם

23 In the countryside בַּכְּפָר

ך	ע	א	ף	כ	ד	א	ט	כ	ט
ד	ח	ט	מ	ר	ע	ה	ו	ר	א
ב	ף	ח	מ	מ	ה	ד	ק	ף	ת
ת	י	ל	ד	מ	ל	ט	כ	ח	ו
ד	ק	ה	ח	ט	ו	ך	א	ב	ב
ט	י	ש	פ	ך	ל	ק	צ	י	ר
ח	ך	ר	ר	ה	ב	ט	ף	א	ת
א	פ	ח	ד	ר	א	כ	ל	ס	ר
ת	ך	מ	ס	ף	י	ט	ק	י	ד
י	ץ	ח	ט	א	ף	כ	ח	ף	ח

24 On the street בָּרְחוֹב

ה	ט	א	ה	ס	פ	מ	ג	מ	א
ה	י	צ	ח	ר	ב	ע	מ	ד	ת
כ	ב	י	ש	ר	ש	ג	ה	ח	ב
ר	מ	ז	ו	ר	א	ל	נ	ן	נ
ד	ת	צ	נ	ך	מ	ת	נ	ח	א
מ	ס	פ	ס	ל	ד	נ	ת	נ	ר
נ	ה	א	ט	ל	ש	ו	מ	י	כ
ה	ת	ג	ק	ת	א	ע	ר	ו	ב
ר	כ	ב	ת	ק	ל	ה	ו	ן	ת
ה	ם	י	ל	ו	ש	א	ר	ג	ה

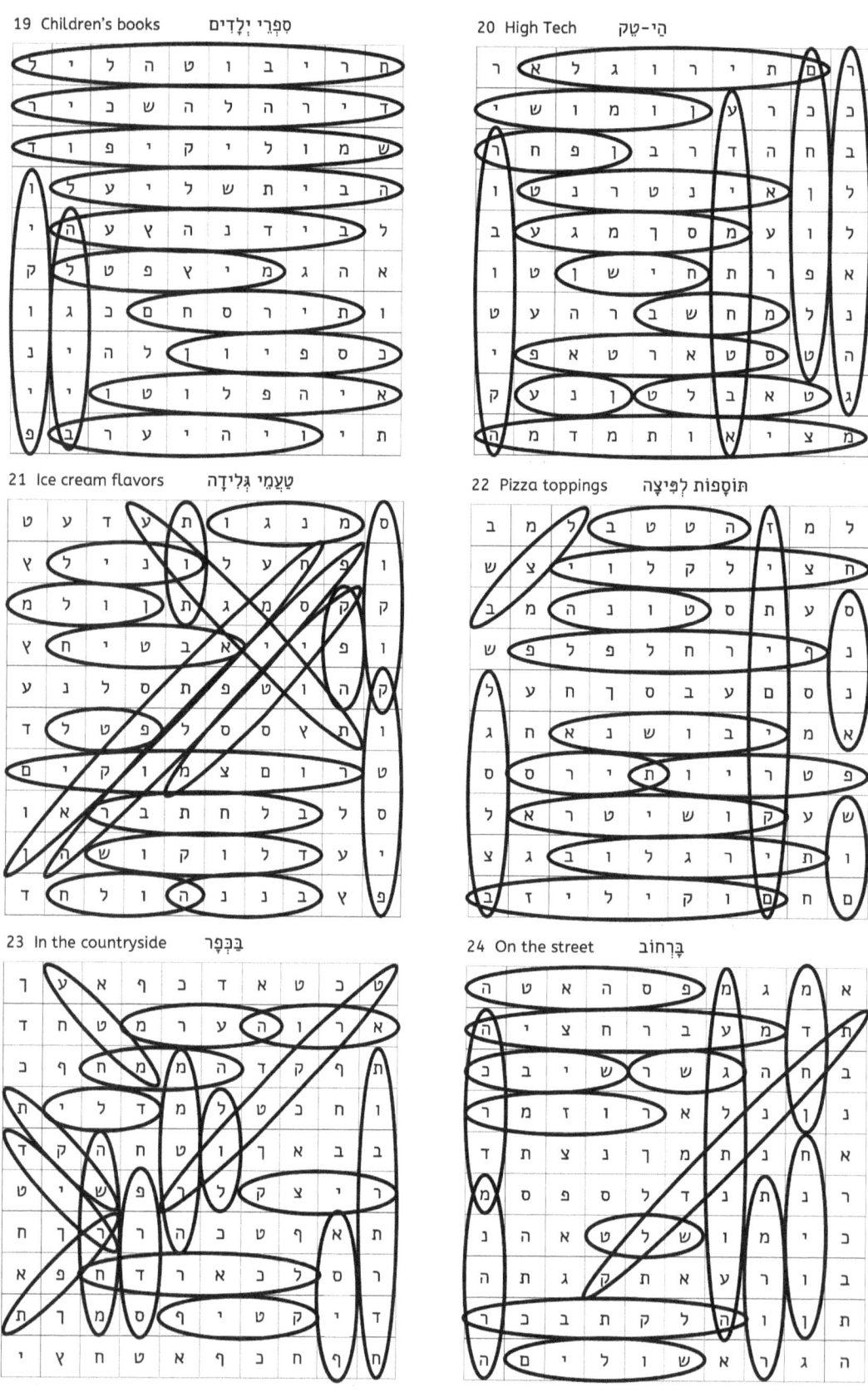

25 On the playground בְּמִגְרַשׁ הַמִּשְׂחָקִים

ס	ל	י	ק	א	מ	א	ד	נ	ק
ו	ס	ב	ו	ר	ק	ג	ה	ס	פ
פ	ט	מ	ח	ג	כ	ע	ל	ך	י
ט	ג	ו	צ	ז	ח	ם	ס	ש	צ
ה	ת	ן	ף	ח	ק	ב	ו	ג	ה
ץ	נ	י	ץ	ו	ת	י	ר	ה	ד
ת	ס	כ	פ	ל	ח	כ	ק	מ	נ
ב	ל	י	ס	צ	נ	ב	א	ש	ד
נ	ם	ת	ע	נ	ת	ו	ר	ץ	נ
י	ס	ר	ץ	ב	ר	ז	י	ה	ת

26 Mathematics מָתֵמָטִיקָה

א	מ	ט	ר	ם	ר	ג	ב	ט	ל
ט	ג	ש	ה	ר	ב	ל	ו	ג	ע
מ	י	ל	ט	ג	א	י	פ	ך	ב
פ	ד	ש	ק	ו	ל	ח	ה	כ	ר
ר	ט	מ	ו	ל	י	ק	ו	ת	א
ט	ה	ג	ח	י	א	ר	ש	ז	ד
ו	א	ת	צ	ק	ב	ו	ל	מ	ג
ר	ט	מ	י	ט	נ	ס	ג	י	א
ה	ר	ב	ה	ב	ד	ח	ב	ו	ר
ט	א	ל	ג	י	ת	ה	ט	ף	ב

27 Israeli childhood יַלְדוּת יִשְׂרְאֵלִית

א	פ	ם	ו	י	ס	ת	ב	ס	מ
ל	ט	ה	ח	ד	ג	מ	ל	ו	ח
ו	ם	ש	ק	ח	ר	ה	ב	מ	ב
ד	י	כ	ד	ס	א	ש	ו	ק	ו
ג	ל	נ	ח	ר	פ	ל	ט	ח	א
ה	ד	י	ת	ד	ל	ה	ם	ו	י
ש	נ	ם	ט	א	צ	ו	פ	י	ם
פ	ס	ט	י	ג	ל	ד	ח	ט	ד
ח	ו	ף	י	ם	ר	ת	ו	ל	ג
ה	ל	י	ת	נ	ש	ל	ו	י	ט

28 Funny words מִלִּים מַצְחִיקוֹת

ל	ש	ח	א	ג	ז	ו	ז	ח	פ
א	ק	ש	ו	ק	ש	ק	ף	נ	ל
ו	ש	ג	ו	ד	ג	ד	ח	ו	ו
צ	ו	פ	צ	י	ק	פ	ך	ד	ץ
נ	ק	ש	א	ל	ר	ו	ח	נ	י
ו	ה	ט	ש	פ	ץ	ב	ג	י	פ
ן	ר	ו	ר	ט	י	ל	ר	ק	ק
ף	ש	ת	ך	פ	ר	ג	ף	ב	ר
ל	ו	ט	ל	ט	פ	ן	א	ל	ן
ד	ח	א	ש	ת	ש	ו	נ	ש	נ

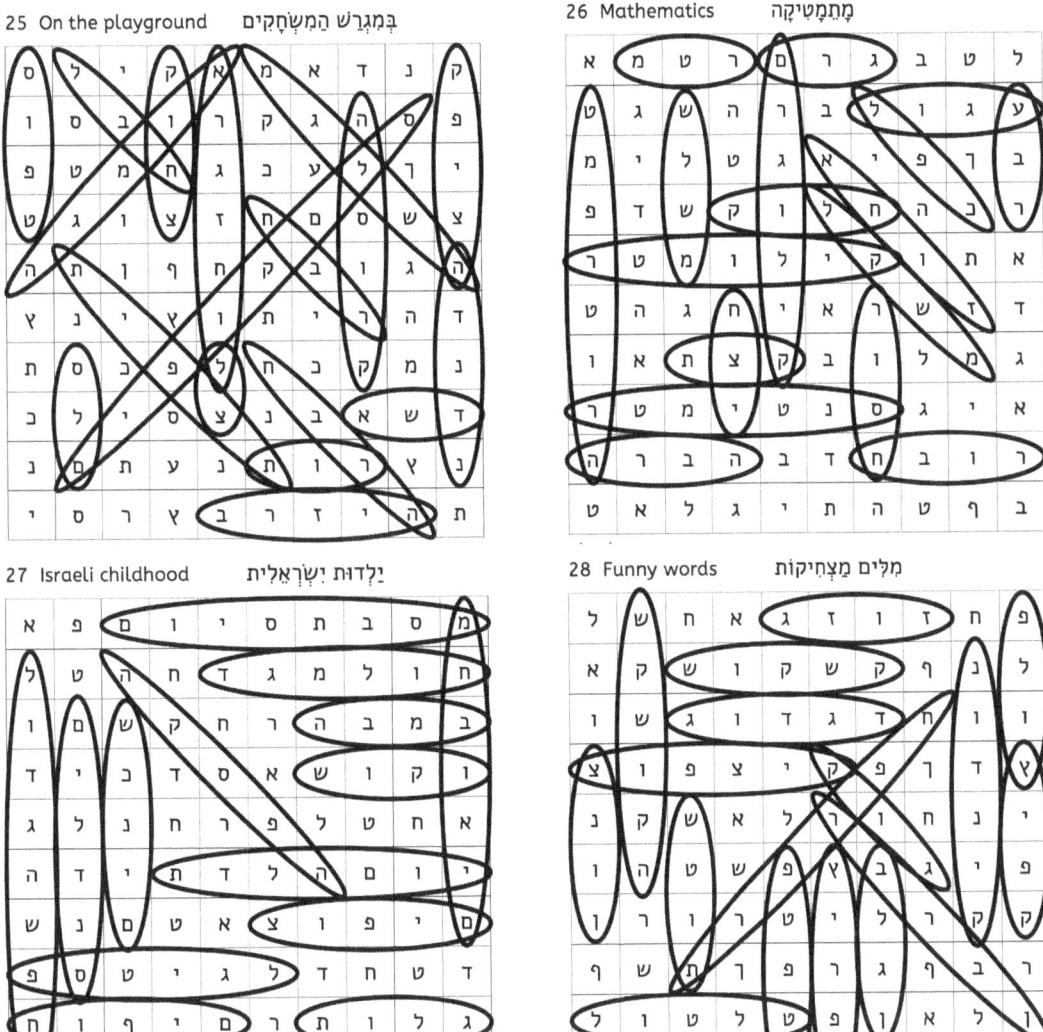

Also by Cactus Pear Books
Find more at cactuspearbooks.com

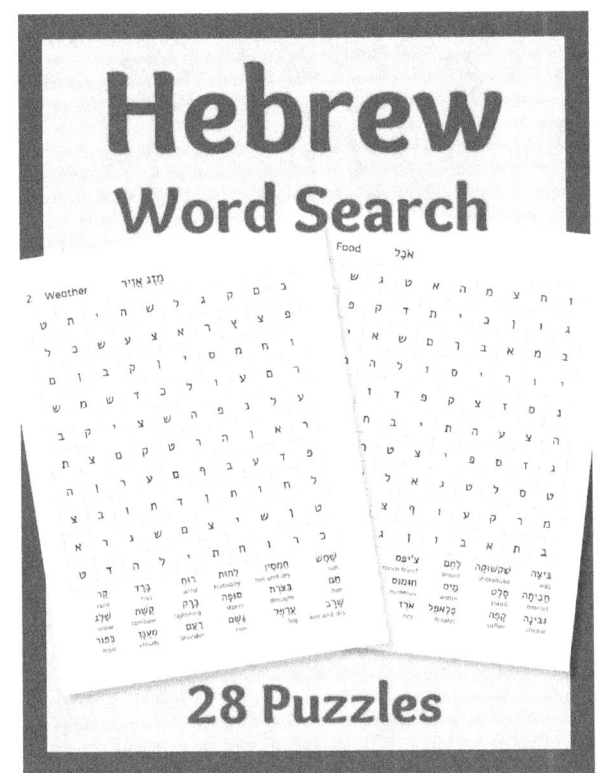

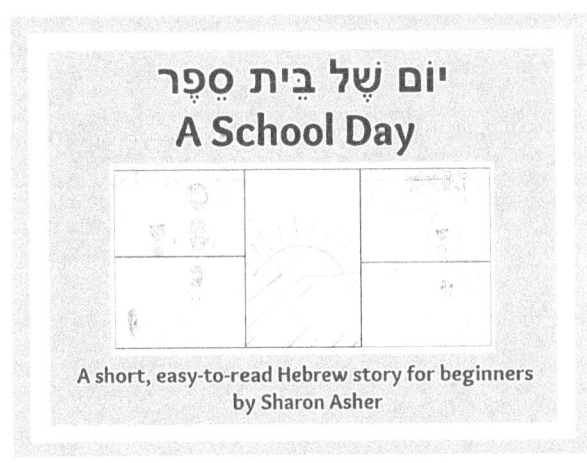

www.ingramcontent.com/pod-product-compliance
Lightning Source LLC
Chambersburg PA
CBHW081504070526
44586CB00019B/2472
* 9 7 8 1 9 5 1 4 6 2 1 8 5 *